SOCIÉTÉ DE SECOURS

AUX FAMILLES NÉCESSITEUSES

DES MILITAIRES ET MARINS

DE NICE

SOUS LES DRAPEAUX.

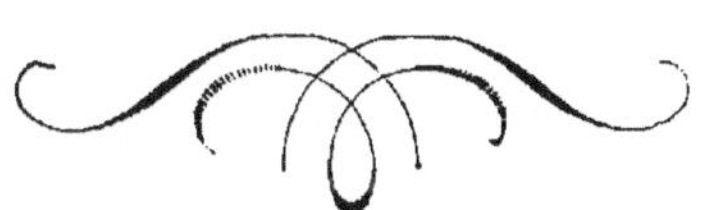

ANNÉE 1870-1871

NICE

TYPOGRAPHIE ET LITHOGRAPHIE S. C. CAUVIN ET Cᵒ

Rue de la Préfecture, 6.

1872

RAPPORT ET COMPTE-RENDU

DES OPÉRATIONS

DE LA SOCIÉTÉ

PRÉSENTÉS

PAR LE BUREAU CENTRAL ET LES COMITÉS DES SECTIONS.

———

Messieurs,

Si l'année 1871 a vu se produire d'énormes souf-
frances, elle a été féconde aussi en œuvres de dévouement et de générosité.

A Nice, en particulier, il n'est pas de misère qui n'ait
été l'objet d'efficaces sympathies, et pour ne parler que
de notre Société, nous sommes heureux de constater
que le bien qu'elle a pu faire est dû au concours général
qui nous a été accordé.

Dès le début de la guerre, le désir de venir en aide
aux familles nécessiteuses des militaires et marins sous
les drapeaux, avait donné lieu à des souscriptions recueil-
lies et distribuées par plusieurs comités. Réunir en un
seul ces divers comités, et, par la concentration de tous
les efforts, assurer les meilleurs moyens à prendre
pour soulager le plus d'infortunes possible, telle fut la
pensée qui, sous les bienveillants auspices de l'Autorité

Municipale , présida en octobre 1870 à la formation de notre Société.

Nos ressources, Messieurs, nous les attendions toutes de la générosité publique. Celle-ci ne nous a pas fait défaut, car le chiffre total de nos recettes n'est pas inférieur à 43,906 francs 10 centimes. Le relevé détaillé indique ci-après le nom des donateurs et des souscripteurs.

Le caractère d'intérêt public qui s'attachait à notre Société, nous a valu, à côté des dons privés, une allocation de la part de la Municipalité, grâce à laquelle nous avons ainsi obtenu, sur les fonds de la Ville, une somme de 7,500 francs.

Enfin la Commission chargée de répartir dans le département les fonds alloués par l'Etat aux familles des militaires sous les drapeaux, a bien voulu, en ce qui concerne Nice, se concerter avec nous, de telle sorte que la somme de 6,260 francs, distribuée par ses soins a été répartie, sur les renseignements puisés auprès de la Société, entre les plus malheureuses des familles que nous avions pour but de secourir.

Le nombre et l'importance des dons ont rendu facile la constitution des ressources de la Société. Plus ardue a été la distribution des secours ; car tout n'est pas de donner, nous voulions bien donner. Or, ceux d'entre vous, Messieurs, qui avec un dévouement digne de tous les éloges ont accepté la mission de faire fonctionner les Comités de section, savent ce qu'il faut de peine pour n'accorder qu'à la vraie misère une assistance trop souvent réclamée par des personnes à l'abri du besoin.

Nous croyons devoir vous rappeler, Messieurs, comment notre Société était organisée. Un bureau central s'occupait du recouvrement des fonds, les répartissait entre six Comités auxquels correspondait une division de la Ville, en six sections, établissait d'après quelles bases ils seraient remis aux familles, passait les marchés, en assurait l'exécution, était chargé en un mot de toute l'administration de la Société. L'examen particulier de chaque demande, la décision dont celle-ci était l'objet et la remise effective des secours étaient l'œuvre des Comités. Les Comités se réunissaient toutes les semaines. Chacun de leurs membres se chargeait de procéder à domicile à une enquête sur une ou plusieurs des familles qui avaient adressé des demandes. On entendait ensuite le rapport des membres qui avaient, depuis la réunion précédente, procédé à des enquêtes et, après chaque rapport, le Comité décidait s'il y avait lieu ou non d'accorder un secours, sa nature et son importance, ou au besoin réservait sa décision jusqu'après un supplément d'enquête. Enfin plusieurs membres des Comités se chargeaient de faire, à tour de rôle, chaque jour de la semaine, la distribution des secours alloués. De cette manière il a pu être fait sans encombrement avant le premier avril 1871, cinq distributions auxquelles ont participé 967 familles sur 1238 qui avaient présenté des demandes. Les 271 familles qui ont été rejetées sont celles qui, tout en ayant un de leurs membres sous les drapeaux, n'étaient pas dans une position nécessiteuse. Car le but de la Société, vous le savez, Messieurs, n'était point d'accorder une prime aux parents de tout soldat, mais de venir en aide à ceux d'entre eux qui se trouvaient dans l'infortune.

Les distributions ont été suspendues pendant l'été afin de réserver pour l'entrée de l'hiver tous les fonds disponibles. Ceux-ci se sont élevés au chiffre de 8.214 francs 05 centimes et ont servi à une dernière distribution qui a eu lieu dans le courant de décembre dernier, conformément à la délibération de l'Assemblée générale du 14 octobre 1871.

La somme totale des secours distribués est de 43,627 francs 65 cent. La plus grande partie a été remise en argent. C'est sous cette forme que les familles les désiraient le plus ; mais ce n'est pas celle sous laquelle les dons pouvaient toujours leur être le plus profitable, car la misère est souvent imprévoyante. Aussi la Société a-t-elle ajouté aux distributions d'argent des secours en nature consistant en pain, pâtes, soupes et couvertures de laine. — 17,360 kilos de pain, 3,472 kilos de pâtes, 5,395 bons de soupe des fourneaux économiques (1), et 131 couvertures de laine ont été ainsi répartis pendant la durée de la Société.

Tel a été, Messieurs, l'ensemble de nos travaux. Établir avec plus de mille familles des rapports périodiques, contrôler leur véritable situation, leur remettre les secours alloués, tout cela n'eut pas été œuvre facile, si nous n'avions rencontré partout aide et dévouement. — MM. les Curés des paroisses, soit par eux, soit par leurs dignes représentants, ont bien voulu nous apporter le concours persévérant de leur action, toujours si efficace, partout où se présente du bien à faire, une misère à alléger.

Le Corps des pompiers a facilité, à une autre point de vue, notre tâche en permettant que deux hommes lui appartenant vinssent gratuitement assurer l'ordre, chaque jour de la semaine dans la salle où se pressaient les personnes admises aux distributions.

---

(1) Sur ces 5,395 bons de soupe, 445 avaient été donnés dans les cinq premières distributions, 4,950 ont été donnés dans la sixième en remplacement d'une partie des secours en argent.

Tous ceux, qui par leurs dons ou leur participation active, ont secondé notre Société, ont droit à nos vifs remerciements. Mieux encore ils peuvent compter sur la reconnaissance que les familles secourues nous ont bien des fois exprimée et dont nous sommes heureux de leur transmettre le témoignage.

Enfin nous ne saurions mieux terminer notre rapport qu'en rendant, au nom de la Société tout entière, un juste hommage d'admiration et de gratitude aux Dames qui ont bien voulu prêter leur concours exemplaire, soit dans la visite des pauvres familles, soit dans l'organisation, l'exécution ou le patronage du Concert du 10 février 1871, donné au profit de l'Œuvre.

RECETTES

Allocation de l'Administration Municipale	4,500	
Pour les mois de janvier, février et mars,	3,000	7.500 00

Dons au-dessus de 100 *fr.* — M. Blanc (de Monaco), 5,000 fr. — Le Cercle Masséna, 3,000 fr. — La Société Industrielle et Commerciale, 4,000 fr. — La Société du gaz, 3,000 fr. — Un Russe, V. 1,000 fr. — Le comité des Offrandes à la Patrie, 400 fr. — Par le Lycée de Nice, 400 fr. — Produit de la quête

A reporter. . 7.500 00

Report. . . . 7.500 00

du 21 janvier à l'église Saint-François-de-Paule, 390 fr. — La Baronne Rothschild Nathaniel, 300 fr. — M. Freedland, 300 fr. —M. Joseph Günzburg, 300 fr. — Reliquat du Comité du Réveil, 250 fr.— Part d'une loterie du Petit Séminaire, 210 fr. — Part d'une Loterie des Fidèles Compagnes de Jésus, 200 fr. — M. le Baron Roissard de Bellet, 200 fr. — Par la loge Maçonnique de Nice, 200 fr. — Reliquat du Comité de Saint-Augustin, 113 fr. 85 cent. — Produit net du Concert donné au Grand Hôtel 3,167 fr. 05 c. Total...................... 22.430 90

Dons de 50 fr. à 100 fr.

Société des Arts-et-Lettres , 100 fr. — Maison Gal, 100 fr. — Comte del Borgo, 100 fr. — Maison Gioan et Baudouin, 100 fr. — M. l'Aumônier de la Chapelle Russe, 100 fr. — Madame Gioja, 100 fr.—M. John A. Pelle 100 fr. — — M. Bamberger , 100 fr. — M. le colonel Auchmaty, 100 fr. — Le pensionnat

A reporter. . 29.930 90

Report. . . . 29,930 90

Carlin, 100 fr. — M. Coleman, 70 fr. — Mlle Hanbury. 70 fr. — M. Giraud, boulanger, 80 fr. — Part du produit du Concert Mariani, 55 fr. 35 c. — M. le Baron d'Uxkull Frédéric, 50 fr. — Elliot. 50 fr. — Hartstonge Weld, 50 fr. — A. Rykousk. 50 fr. — Par le Curé de Saint-Martin, 50 fr. — M. Avigdor Arthur, 50 fr. — Les RR. PP. de Cimiès 56 fr. 50 c. — Madame la Baronne de Derexiugi. 50 fr. — Le Comte De Orestis, 50 fr. — Total......................   1.741 85

Dons de 40 fr. et au-dessous.

La princesse Stirbey.—Marquis de Monticelli. — M. Martin, boulanger. — Madame Livisgtone. — M. Lefèvre. — Le Docteur Zurcher.—M. Lyon David. — Le docteur Crossby. — Le docteur Travis.—M. Laméniérès. — Madame Wallich. — M. Rohault de Fleury. — Madame Charles Hope. — Madame Besabrosoff. — Le Baron de Castelmur. — M. James Thomson.

A reporter. . .   31.672 75

Report. . . . 31.672 75

— M. Félix Wotonski. — Le Capitaine Arlton. — Le R. Biley. — Un Helvétien. — M. l'abbé Rambaldi. — L'Intendant Sauvaigue. — Madame Bellotti de Montersino. — Madame Kavaleski — Madame Demidoff-Kasakoff. — N par M. Corporandi. — N. Place Charles-Albert. — Anonymes. — Madame Landais. — Le R. Sperling. — M. Brès, banquier. — M. de Leermen. — N. par M. Victor Ardito. — N. par l'abbé Boniffacy. — La société mutuelle de Colomars. — Le Comte de Brinchanteau. — Madame Léotardi d'Auvare. — Madame De Bestagno. — l'amiral d'Auvare. — M. de Gasquet. — M. Harrison. — Madame Betty-Franckel. — M. Zévort. — M. Médecin. — M. Colombo, banquier. — M. Auguste Bonfils. — N..... par le Curé de Saint-Martin. — N..... Par le Curé de Saint-Dominique. — M. le docteur Abramson. — Madame Hall. — M. de Margaret. — L'abbé Tribaudini. — Madame la Comtesse

A reporter. . 31.672 75

Report. . . . 31.672 75

et Mlle d'Estienne d'Orves. —
Le chanoine Barralis. — M.
Trenca, et M. Vizzio par *il Di-
ritto di Nizza*. — Total 870 30

Par les Cotisations mensuelles
des Sociétaires 10.797 00

Intérêts produits par le dépôt
des fonds à la Caisse de Crédit
de Nice 357 35

Bonification sur le change en
monnaie de billon 148 70

Produit de la vente des meubles
du Bureau 60 00

Total des recettes 43.906 10

DÉPENSES.

Il a été accordé du 15 *Octobre* 1870 *au premier
Juin* 1871 *les secours en nature ci-après* :

17,360 kilos, pain à 40 c. le
kilog 6.944 00

  3,472 kilos, pâtes, à 50 c. le
kilog 1.736 00

    Total. 8.680 00

Cette somme de 8.680fr de denrées alimentaires accordées
est représentée par :
1• Les diverses factures de four-

nisseurs s'élevant ensemble à 8,031 25 et payées par la Société..... 8.031 25

2° 300 kilos de pain distribués en bons émanant des boulangers Giraud et Bessy ayant une valeur de................ 120 00

3° Des bons de soupe distribués à la place de bons de pâte et ayant une valeur de........ 33 00

4° Une bonification, résultant de réductions sur les factures des fournisseurs et aussi de secours non relevés.......... 495 75

Total........ 8.680 00

Il a été de plus accordé pour de bons de soupes. 44 50   44 50

Ce qui porte le total des denrées alimentaires distribuées avant le 1er juin 1871, à........ 8.724 50

COUVERTURES.

Il a été accordé 131 couvertures de laine qui, à 5 fr. l'une, représentent une somme de fr. 655 00 et n'ont été payées, par suite d'une réduction sur la facture, que...........................   620 00

ARGENT.

Il a été accordé des secours en argent pour une somme de.. 33.690 00

A reporter.... 8.695 75

	Report	8.695 75

Cette somme se décompose de la manière suivante :

1° Pour mandats payés... fr. 32.660 00   32.660 00

2° Somme payée par le desservant de la chapelle Russe...   100 00   100 00

3° Payé par la Commission du 21 janvier....................   390 00   390 00

3° Pour mandats non réclamés et annulés..............   540 00

      TOTAL............. 33.690 00

FRAIS GÉNÉRAUX.

1° Fournitures de bureaux , imprimés , registres . bons de distribution . circulaires . meubles, etc., etc............. fr.   781 95   ⎫

2° Frais de poste....... »   142 75   ⎪

3° Appointements d'employés.................... »   516 50   ⎬ 1.648 55

4° Commission pour recouvrements.................. »   207 35   ⎭

GRATIFICATIONS (prises sur la prime obtenue par le change en monnaie de billon) :

1° A la caisse de secours mutuels des sapeurs-pompiers.. fr.   75 »   ⎫ 133 35

2° Aux employés et concierge.   58 35   ⎭

      TOTAL DES DÉPENSES. . . . 43.627 65

BALANCE.

RECETTES.   43.906 10
DÉPENSES.   43.627 65

RELIQUAT EN CAISSE.   278 45

Sur ce reliquat seront prélevés les frais d'impression de 600 exemplaires du présent rapport destinés à tous les sociétaires : La somme restante sera remise à M. le Maire, conformément à l'article 23 du règlement du 13 octobre 1870 ainsi conçu :

« Le reliquat qui pourrait exister en caisse à l'époque « de la dissolution de la société sera versé à la caisse « du Receveur municipal, à la disposition de l'autorité « municipale qui en déterminera l'emploi de la manière « qu'elle jugera le plus conforme aux vœux des dona- « teurs. »

Si l'on veut bien considérer maintenant, qu'indépen- damment des secours qui viennent d'être énumérés et s'élèvent à la somme de . . . . 43.906 10 le comité primitif dit de Saint-Augustin, avait déja distribué aux mêmes familles la somme de . . . . 10.119 80 et qu'en outre une somme de . . . . 6.260 leur a été également appliquée par l'Ad- ministration Départementale.

Il ressort qu'en réalité, c'est un total de plus de 60.000 fr. qui a été consacré au soulagement de ces familles si dignes, du reste, de l'intérêt qui leur a été justement témoigné.

On pourrait encore faire remarquer à titre d'exemple, que la cinquième section (celle de la paroisse du Jésus) qui renferme à la vérité le plus grand nombre de familles et les plus nécessiteuses a reçu à elle seule, par ces trois différentes sources une somme de 18.000 fr. environ.

Il résulte donc du présent Compte qu'il a été accordé par la Société :

43.069 50	de secours qui n'ont en réalité coûté que	41.845 75
	Les frais généraux se sont élevés à :	
1.648 55	.... ci.............	1.648 55
	Les gratifications ont été de :	
133 35	.... ci.............	133 35
44.851 40	qui par une bonification de 1.223 75 s'est réduit au total de.............	43.627 65

SECTIONS.	Nombre DE FAMILLES		Nombre DE DISTRIBUTIONS.	SECOURS ACCORDÉS EN NATURE.						Valeur totale
	qui ont demandé des secours.	qui ont obtenu des secours.		Nombre de kilos de pain à 0, 40 c. le kilo.	Valeur.	Nombre de kilos de pâte à 0, 50 c. le kilo.	Valeur.	Nombre de couvertures.	Valeur.	des secours accordés en nature.
1re	200	142	6	2170	868	434	217	32	160	1245
2e	211	135	6	1320	528	264	132	11	55	715
3e	200	155	6	2240	896	448	224	15	75	1195
4e	233	191	6	3640	1456	720	364	34	170	1990
5e	273	243	6	5630	2252	1126	563	29	145	2960
6e	121	101	6	2360	944	472	236	10	50	1230
						Plus 415 bons de soupe à 10 c. l'un.	44 50			44 50
Totaux.	1238	967	6	17360	6944	3472	1780 50	131	655	9379 50

SECOURS ACCORDÉS EN ARGENT.						Valeur totale des secours accordés en argent.	Valeur totale de CHAQUE DISTRIBUTION.						Valeur totale DES SECOURS accordés par chaque section.
1re DISTRIBUTION.	2e DISTRIBUTION.	3e DISTRIBUTION.	4e DISTRIBUTION.	5e DISTRIBUTION.	6e DISTRIBUTION.		1re DISTRIBUTION.	2e DISTRIBUTION.	3e DISTRIBUTION.	4e DISTRIBUTION.	5e DISTRIBUTION.	6e DISTRIBUTION.	
790	740	505	425	1255	740	4455	790	1460	660	795	1255	740	5700
695	719	630	700	1435	1310	5489	695	1189	635	940	1435	1310	6204
1033	788	185	335	1055	1140	4536	1033	1463	375	665	1055	1140	5731
1130	990	575	970	2385	1795	7845	1130	2290	725	1510	2385	1795	9835
1645	660	1370	175	2445	1715	8010	1645	1510	1180	1645	2445	1715	10970
550	595	120	210	1180	700 (*)	3355	550	1090	395	670	1180	700	4585
													44 50
5843	4492	3385	2815	9755	7400	33690	5843	9002	3970	6225	9755	7400	43069 50

(*) Sur lesquels 195 ont été distribués en 1050 bons de soupe.

BUREAU CENTRAL DE LA SOCIÉTÉ.

—

MM. Le baron-Héraud, Président;
     Draghi, vice-président;
     Mayrargue Bénoit,
     Fay Alexis,
     Guillibert Ernest,
     Bonifassy Charles, abbé, } Assesseurs.
     Basso, secrétaire ;
     Reynier Antoine, trésorier;
     Baquis Adolphe, sous-trésorier.

BUREAU DU COMITÉ DE LA PREMIÈRE SECTION

S'occupant des Paroisses *St-Pierre, Sainte-Hélène, St-Antoine, La Magdeleine et Saint-Romain.*

—

MM. Devisme de Flacourt, directeur;
Brès, notaire, secrétaire:
Gaziglia, curé de St-Antoine, } Assesseurs.
Gazzola,

BUREAU DU COMITÉ DE LA 3me SECTION.

S'occupant des Paroisses, *Saint-Jean-Baptiste,* — *Saint-Etienne,* — *Cimiès,* — *Saint-Barthélemy,* — *et Gairaut.*

—

MM. Bounin, Benjamin. Directeur.
Bérard, Secrétaire.
Cauvin, Curé.
De Pontalba,(le comte Alfred) }
Bovis, Louis.
Ardito, Victor. } Assesseurs.
Avigdor. Arthur.

BUREAU DU COMITÉ DE LA 2me SECTION.

S'occupant des Paroisses, du *Port,* — *Saint-Roch* et *l'Ariane.*

—

MM. L. de Brès, Avocat, Directeur.
L. Tornéri. Secrétaire.
Perdigon, Curé de Saint-Roch. }
Séméria, Denis. } Assesseurs.
L. Fouque, Pharmacien

BUREAU DU COMITÉ DE LA 4ᵐᵉ SECTION

S'occupant de la Paroisse *Saint-Martin*.

—

MM. Scoffier, Théophile, Avocat, Directeur.
Dalmas, Edouard, Secrétaire.
Bonfante, Curé, } Assesseurs.
Dalsème, A.   }
Ammel, Négociant,

BUREAU DU COMITE DE LA 5ᵐᵉ SECTION

S'occupant de la Paroisse du *Jésus*.

—

MM. Bounin, Marcelin, Directeur.
Mars, Secrétaire.
Guiglia, Curé,
Borri, Dominique,   }
Bermond, Auguste,   } Assesseurs.
Rouquier, Avocat,   }

BUREAU DU COMITÉ DE LA 6ᵐᵉ SECTION

S'occupant des Paroisses, *Sainte-Réparate et
Saint-François de Paule*.

—

MM. Guibert, Directeur.
Faraut, Auguste, Avocat Secrétaire.
Ricord, Abbé,   } Assesseurs.
Lattès, J.-V.   }

LISTE DES SOCIÉTAIRES.

Arnulf, ancien notaire et famillle.
Audiffret (d') Léon.
Aréne Edouard.
Assegond Isidore.
Arson de St-Joseph. (Mme la com-
tesse.)
Arson de St-Joseph. (Les Demoi-
selles.)
Arboin, (Mademoiselle.)
Aignan, (Mme de St-.)
Aignan, (Madem. de St-)
Arboin, (Mme)
Albino, (Le comte de St-)
Albino, (La comt. de St-)
Albino Philippe, (comte de St-)
Albino Clémentine,(Madem.de St-)
Arnaud Emilie, (la baronne.)
Ardito Victor.
Audoli J-B.
Arland, (Mme)
Ancel, pharmacien.
Ammel, négociant.
Armiratti Louis.
Augier Maurice.
Audiffret Marc.
Avigdor Arthur.
Audibert, avocat.
Allardi, avoué.
Avette, directeur du théâtre fran-
çais.
Aune François, architecte.
Allimondy Joseph.
Ammiratti François.
Armani Joseph, chapelier.
Aitelli B.
Année (veuve,) propriétaire.
Auvare, (le baron d')
Arnaud Marianne, (baronne.)
Airaudi-Véglio, huissier.

Anonyme (Un) du quai du midi.
Auzac Georges, (d')
Auzac (Mme d')
Astier François.
Allard, neveu.
Ancel Frédéric.
Ayraudi A.

Baudoin, abbé.
Blancon Claude.
Basso Casimir, courtier.
Barbe Alfred, négociant.
Bermond Auguste.
Barella, négociant.
Bounin Marcellin, propriétaire.
Bounin Benjamin, propriétaire.
Bonfante Pascal, orfèvre.
Bessy Félicitée, (Madem.)
Pellotti. (Mademoiselle)
Boetti, abbé.
Bovis Jacques, quincaillier.
Bovis Louis, quincaillier.
Balestre Antoine, propriétaire.
Béri Antoine.
Biazini, architecte.
Beringhier, commis.
Bonaffé.
Bulwer, (lady)
Burnet d'Elrik, née Demidoff.
Belgrand François.
Bermond, abbé.
Borry Dominique, propriétaire.
Bonifassy, courtier.
Baquis Adolphe, propriétaire.
Brémond Michel, propriétaire.
Bounin Agathocle, négociant.
Bounin Eustache, négociant.
Basso Séraphin, marbrier.
Berne Camille.

Bonfante Aimé, horloger.
Bessy Jules cadet, négociant.
Brunel Gustave.
Brès Adèle (veuve,) propriétaire.
Brès Fanny, (veuve),propriétaire.
Bonfante, curé.
Bounin (Mme Eustache.)
Bounin Paul, propriétaire.
Blaise Auguste.
Buffa-Gilly, (Mme)
Bidon Rosine.
Bouteau Joseph propriétaire.
Bouteau Albert.
Bouteau (Mme) propriétaire.
Bouteau (Mlle.)
Borgo (comte del)
Borgo (Mme la comtesse del)
Barrême (vicomte de)
Burnel, propriétaire.
Bessi Pierre.
Bérard, intendant.
Bonnefoi, propriétaire.
Blanchot (Mme)
Broggi, négociant.
Baudoin Louis, propriétaire.
Brès, notaire.
Benet, propriétaire.
Bellone (Mme)
Bonfils Jules
Biancheri César, coiffeur.
Baquis Julien.
Bonifacy Hippoltye, Inspecteur
   des domaines.
Bermond Rosine, veuve.
Bigourie, capitaine de recrutement.
Barbe Julie, propriétaire.
Bounin Constatin, rue Ségurane.
Borel Auguste, à la gare.
Bensa, curé.
Barma Joseph.
Bessy Elisabeth.
Bezobrasoff (Madam. de)
Binet Alfred.
Binet (Mme).
Bonifassy Charles, abbé.

Constatin, (marquis de)
Chevalier, (père).

Chevalier, (fils.)
Constantin Joseph.
Cappatti, abbé.
Chauvain fils, propriétaire.
Châteauneuf (marquis de.)
Châteauneuf (marquise de.)
Clément Michel.
Clément Michel (Mme.)
Colonna Maurice.
Callimaki, princesse.
Claycis, commissaire de marine.
Clericy Marie (Mme.)
Clilders Charles, révérend.
Childers A. (Mme.)
Cabras Marie (Mlle.)
Cartier, propriétaire.
Carles, chanoine.
Cimiez (MM.les Révérends Pères de)
Chauvain Pierre, propriétaire.
Chauvain Anna.
Chauvain (Mme.)
Chauvain Agathe.
Chauvain Auguste.
Cauvin, curé.
Colomas Etienne.
Cassin Benjamin, négociant.
Cassin Léon, négociant.
Chiais, docteur.
Ciaudo Barthélemy.
Cohen Rubens, teneur de livres.
Cappatti, avoué.
Cauvin Tdi.
Castel Caroline (Mme.)
Clericy (Mlles.)
Ciulli, major.
Ciulli, née Garry (Mme.)
Cardon Pierre, avoué.
Castagnino (Mme V^e.)
Camoin frères.
Cessole Henri (M. le chevalier de)
Cessole (Mme de.)
Cessole (vicomte de.)
Cessole (Mme la vicomtesse de.)
Cessole (comte Eugéne de.)
Carpentier, ingénieur.
Clerissy Catherine (Mlle.)
Cagnoli Clarisse (V^e.)
Colombo Joseph.
Cristini Nicolas.

Contesso Baptistine.
Cappel (de.)
Carles Charles.
Cottenier, propriétaire.
Clerissy Justine, propriétaire.
Cambacérès, libraire.
Curtis (Mlle.)
Castel Honoré.

Delestrac, ingénieur.
Desforges, propriétaire.
Delbecchi (Mme.)
Delbecchi Amédée, libraire.
Dalmas Thomas (Mme Ve.)
Dalmas Edouard, commissaire de marine.
Donaudy, née Isnard (Mme.)
Défly, née Serrat (Mme.)
Dauprat (Mme.)
Dauprat (Mlle.)
Dalton (Mlle.)
Donaudy, docteur.
Darbezio Ferdinand, négociant.
Darbezio D. négociant.
Dejean Jean-Louis.
De Brès, avocat.
Dejean Jean-Louis (Mme.)
Debottini Maurice, chanoine.
Debottini François, grand-vicaire.
Delacour E.
Dupuy Ad.
Dureune Ernestine.
Delchet (Mme.)
Dalmassy (Ve.)
Delon Alfred.
Donaudy (Ve Maurice propriétaire.)
Donaudy Sigismond, propriétaire.
Donaudy Charles, propriétaire.
Durand Billion.
Dalmas Venance, employé à la mairie.
Dumas, inspecteur à la gare.
Durante Joseph.
Dalsemme, propriétaire.
Dumail, directeur des douanes.
Durante François.
Draghi, pharmacien.

Elisi de St-Albert (baron.)

Elisson (Mlle.)
Emery A.
Escoffier (Mme.)

Flacourt Charles (de.)
Fay Alexis, propriétaire.
Fouque pharmacien.
Flacourt (de) Henry.
Fouyenx.
Fillau, commissaire de marine.
Faraut Auguste, avocat.
Figuiera Cyprien.
Fiat, négociant.
Férandi, avoué.
Foresta (de) docteur.
Foresta (Mme de)
Faraut Antoine, fils.
Fontanes de Anaïs.
Florès Alfred, consul.
Faissola (le chevalier) ancien magistrat.
Faissola (Mme.)
Fricero, ingénieur.
Funel de Clausonne, avocat.
Falicon comte de.
Falicon (Mme la comtesse de.)
Fiandrotti (Mme.)
Farrenc Eugène, notaire.
Ferran Henri, propriétaire.
Freedland John.

Gautier Paul.
Germond, abbé.
Garquier, propriétaire.
Gazzola.   id.
Gilli Louis, négociant.
Gignoux Félix.
Gaziglia, curé.
Gal fils, négociant.
Gal Auguste, négociant.
Guibert, propriétaire.
Guibert (Mme.)
Guibhard, née Skariatine.
Grosso frères, négociants.
Gianelli François, capitaine-marin.
Guillabert, docteur.
Graglia, notaire.
Girard Prosper, propriétaire.

Gilli Laurent.
Gilli, née Serrat (Mme.)
Guidi, curé.
Giacobi, chanoine.
Gioan, abbé.
Guiglia, curé.
Gillard, négociant.
Germain, propriétaire.
Giletta, veuve et fils,
Giacometti. négociant.
Gauthier Raymond.
Gilly Edouard.
Gazielli. sellier.
Gastaud Jean.
Cerbin Barthélemy.
Gonnin Fanny (Mme.)
Garach Elisabeth.
Gioan François.
Gassier Honoré, consul de Honduras.
Gerbin Louis.
Gignoux, propriétaire.
Gignoux (Mme.)
Giraud, négociant.
Grisel Charles.
Grisel Jules.
Guerrier, médecin.
Gent (Mme.)
Gauthier Antoine.
Gustavin Michel, propriétaire.
Gaudin Pierre, capitaine en retraite.
Giraud (Mlle.)
Gowett, révérend.
Galli André, lieutenant-colonel.
Galli Rosalie.
Guillibert, substitut du procureur de la République.
Guillibert (Mme.)
Gautier Horace.

Hennequin.
Héraud (baron.)
Hambury (Mlle.)
Haxe Alfred.
Heureux (Mme d'.)
Horsin D.
Harris (M.)
Harris (Mme.)

Hetschler.

Imbert E.
Isnardi (Mme.)
Imberti Louis.
Imbert-Goubeyre, docteur.
Isnard Joseph-Faye.
Imbert Angéline.
Isnard J.-B. (hôtel des Princes.)

Joly Volnys.
Joly Volnys (Mme.)
Jalla J.
Jochin.
Jochin (Mme.)
Jardin Emilie.

Klapka.
Kavalesky (Mme.)
Krafft-Bucaille.

Lions, propriétaire.
Lions (Mme.)
Laurent, propriétaire.
Lacroix, ingénieur.
Lenchentin de Gubernatis (Mme.)
Lubonis Justin, abbé.
Lattès Israël.
Lhermine, négociant.
Laugier Louis.
Lamenières, de Lyon.
Lattès D.
Lagarrigue, consul.
Lattès frères.
Lantery Auguste.
Lanteri Emile.
Lubanski, docteur.
Laurens Martin, architecte.
Levrot, architecte.
Langaudin.
Lauro Clara.
Legresle Henry.
Laurenti Félix.
Letellier, chef de gare.
Lacroix, consul de Sa Majesté Britannique.
Lacroix (Mme.)
Lallier, ancien président.
Leroy (Mme.)

Maïstre Laurent.
Mages Pierre (le chevalier.)
Moraglia, père.
Mathiessen (Mme.)
Montbrun-Gallois (Mme.)
Macario (Mme.)
Mouhot Charles.
Michel Ernest, avocat.
Moya (Mme de.)
Moya (Madem. de)
Milon Maurice.
Mars Marcelin.
Magnan, propriétaire.
Malézieux, propriétaire.
Malaussene (comte de.)
Mayrargue Benoît, négociant.
Millo Albert.
Mayzonnié (Mme)
Martin Aimé, négociant.
Messiah, négociant.
Marescot, agent d'assurances.
Mauran César.
Milon Réparate (Mlle)
Maille , substitut de la République.
Moulet, syndic des huissiers.
Mayrargues Maurice.
Maginet,
Moyse Eugénie.
Massena Jean-Bap.
Michel, docteur.
Malaussena Fortuné, courtier.
Martin Jean, courtier.
Monier (Mme V^e)
Massingy (marq. de)
Maiffret Louis.
Malaussena (la comt. de) Fortuné.
Massa Guillaume.
Mostell Twells.
Maurel de Beauvine (Mme)

N.N. chez M. Rouquier, avocat.
Navello Jules, tonnelier,
Nicot Jean.
Nazenta Xavarine.

Orengo, chanoine, grand-vicaire.
Orengo, négociant.
Olivier Marius.

Oblats (Rév. Pères).
Orengo Honoré.

Pontalba Gaston (bar. de)
Pontalba Alfred (de)
Peillon (de)
Perny Marie (Mme)
Perdigon, curé.
Porzi Gioan.
Person Charles.
Prost (baronne).
Prat Edouard.
Pezzer (Madem.)
Paoletti (le comte)
Palmieri, propriétaire.
Pin Etienne, propriétaire,
Pollonnais Désiré, propriétaire.
Puget J
Pollan (M.)
Pollan (Mme)
Pollau François.
Pollonnais Armand, propriétaire.
Pellicot, chef d'escadron d'artillerie.
Pastoret, avocat.
Pastoret (Mme.)
Piccon, avocat.
Piccon Mathilde (Mme.)
Piccon Victor, propriétaire.
Piccon Marie (Madem.)
Pipon D. café de la Victoire.
Pacherel Pierre.
Pilar Antoine, parfumeur.
Pontremoli, frères.
Quintarel, propriétaire.

Rosina, curé,
Rosina (Madem.)
Rouquier, avocat.
Rabagliati.
Risso J.-Bapt., consul.
Rapallo, (le comte.)
Rapallo, (Mme la comt.)
Roux, chanoine, grand vic.)
Religieuses de Ste Ursule. (les)
Rohault (de Fleury.)
Rolland Honoré.
Richaud de Ceivoule.
Ruffard fils, négociant.

Roger Michel,   id.
Roux D.
Reynier.
Reynier (Mme).
Rastoin Brémond.
Raynaud Felippa (Mme.)
Roux, colonel.
Roux Andreine (Mlle.)
Ruffi.
Ribero, négociant.
Rumpelmayer, confiseur.
Reynaud P.
Ribotti Félicie (Mme.)
Raynaud (Madem.) institutrice.
Randon Rose (Mme.)
Redron, (de) capitaine.
Robiony (Mme) Félicité.
Robiony Antoine, propriétaire.
Raynaud Amédée, banquier.

Skariatine (Princesse.)
Simon, Trésorier de la marine.
Sauvan, Maxime (Chevalier.)
Sayetto, notaire.
Scoffiero née Gilli (Mme.)
Sardo, Joseph (ferblantier,)
Scoffiero, commandant du Port.
Scoffier Édouard, docteur.
Sasserno Alfred, propriétaire.
Scoffier Théophile, avocat,
Sicart A. négociant.
Scoffier (Mme Ve.)
Scoffier Pie, docteur
Semeria D., conseiller municipal.
Semeria (Mme.)
Sieux, au Théâtre-Français.
Serraire F., propriétaire.
Semeria, négociant.
Sacerdote.
Salverte de (Comte.)
Small.
Sègre Benjamin.
Servant (Mme.)
Sue Marcelin, négociant.
Salvi P.
Silli, photographe.
Steimbruck, Hôtel d'Angleterre.
Samson, à la belle Jardinière.

Salvi, percepteur.
Sue Louise. (Mme)
Stoks Begd, capitaine.

Traband. (Mme)
T. N. N., place Garibaldi.
Teisscire Michel.
Torneri Louis, employé aux doua-
nes,
Thomatis Antoinette.
Tribaudini Joseph.
Tyranty Hyginius.
Thibaud Hippolyte.
Tournaire, fils, négociant.
Thibaud. (Mme Ve)
Tyranty Victor.
Thomas Huguet.
Thomas Huguet. (Mlle)
Tallon.
Tamburini Antoine. (le chevalier)
Thaon Peyrani.
Testoris Hippolyte.
Tribaudini Henry.

Vivaudo. (abbé)
Vigou Pierre.
Venture, propriétaire.
Vigier. (Vicomtesse)
Valeton, propriétaire.
Vial Thérèse.
Vial Alexandre.
Vial Edouard, négociant.
Valentiny Louis, négociant.
Véroula, avocat.
Vallier. (Marquise de S^t)
Vittone, liquoriste.
Vivès. (Mme)
Valentini Émilien.
Veran. (Abbé)
Vivès. (Mlle)
Véran Styre, propriétaire.
Velliard, chef de section au che-
min de fer.
Vistorino de Aloïsa. (Mlle)

Walick. (Mme)
Waresquel (de)
Wurts. (Mme)

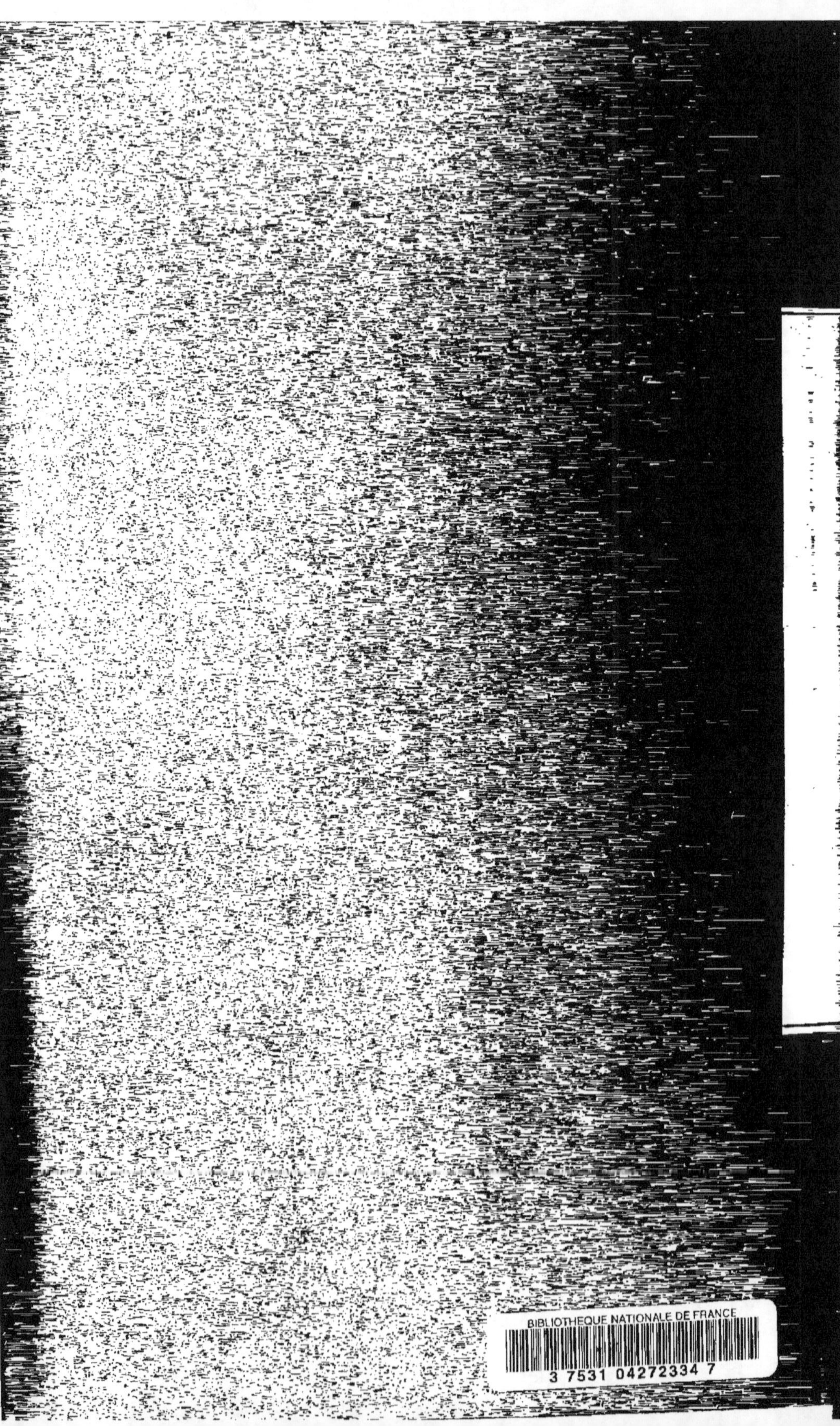